Les Chiffres

Cahier d'écriture

1 - 50

Ce livre appartient à :

9 9 9 9 9 9 9

9 9 9 9 9 9 9

9 9 9 9 9 9

10   10   10   10   10

10   10   10   10   10

10   10   10   10   10

15 15 15 15 15

15 15 15 15 15

15 15 15 15 15

16 16 16 16 16

16 16 16 16 16

16 16 16 16 16

16 - 16 - 16 - 16 - 16

16 - 16 - 16 - 16 - 16

16 - 16 - 16 - 16 - 16

19 19 19 19 19

19 19 19 19 19

19 19 19 19 19

25 25 25 25 25

25 25 25 25 25

25 25 25 25 25

21 21 21 21 21 21

21 21 21 21 21 21

21 21 21 21 21 21

28 28 28 28 28
28 28 28 28 28
28 28 28 28

31 31 31 31 31

31 31 31 31 31

31 31 31 31 31

35   35   35   35
35   35   35   35

35   35   35   35

40   40   40   40
40   40   40   40

40   40   40   40

42 42 42 42

42 42 42 42

42 42 42 42

45 45 45 45

45 45 45 45

45 45 45 45

48 48 48 48
48 48 48 48

48 48 48 48

49 49 49 49

49 49 49 49

49 49 49 49

50 50 50 50

50 50 50 50

50 50 50 50